U0885065

四川省（区域性）地方标准

预制混凝土箱涵

Precast concrete box culvert

DB510100/T 204—2016

主编单位：成都市建筑材料行业协会
中国市政工程西南设计研究总院有限公司
批准部门：四川省质量技术监督局
施行日期：2016 年 7 月 1 日

西南交通大学出版社

2017 成 都

图书在版编目（CIP）数据

预制混凝土箱涵 / 成都市建筑材料行业协会，中国市政工程西南设计研究总院有限公司主编．—成都：西南交通大学出版社，2017.7
ISBN 978-7-5643-5595-1

Ⅰ．①预… Ⅱ．①成… ②中… Ⅲ．①混凝土结构－预制结构－箱涵 Ⅳ．①U449.82

中国版本图书馆 CIP 数据核字（2017）第 173133 号

预制混凝土箱涵

主编 成都市建筑材料行业协会
中国市政工程西南设计研究总院有限公司

责任编辑	李　伟
封面设计	原谋书装
出版发行	西南交通大学出版社 （四川省成都市二环路北一段 111 号 西南交通大学创新大厦 21 楼）
发行部电话	028-87600564　028-87600533
邮政编码	610031
网　　址	http://www.xnjdcbs.com
印　　刷	成都蜀通印务有限责任公司
成品尺寸	210 mm×285 mm
印　　张	1.5
字　　数	37 千
版　　次	2017 年 7 月第 1 版
印　　次	2017 年 7 月第 1 次
书　　号	ISBN 978-7-5643-5595-1
定　　价	26.00 元

前　言

本标准按照 GB/T 1.1—2009 给出的规则起草。

本标准由成都市经济和信息化委员会提出并归口管理。

本标准主编单位：成都市建筑材料行业协会、中国市政工程西南设计研究总院有限公司。

本标准参编单位：四川国统混凝土制品有限公司、成都德新水泥制品有限公司、四川华西绿舍建材有限公司、四川华构住宅工业有限公司、四川佳世特橡胶有限公司。

本标准主要起草人：何国惠、刘川、赵忠富、陈明轩、赵骁博、张勇、赵忠文、刘洋、陈波、车大桥、陈克辉、严林。

本标准由成都市建筑材料行业协会负责解释。

本标准为首次发布。

目　次

预制混凝土箱涵

1 范围

本标准规定了预制混凝土箱涵（以下简称“箱涵”）的术语和定义、分类、原材料及构造、技术要求、试验方法、检验规则、标志、运输及贮存、使用规定、产品合格证书。

本标准适用于城市综合管廊、电缆沟、电缆隧道、地下水道、横断排水路、储水槽、横断地下通道、道路铁路涵洞等市政行业地下线缆、管渠工程用预制混凝土箱涵。其他用途的混凝土箱涵，可参照本标准执行。

2 规范性引用文件

下列文件对于本标准的应用是必不可少的。凡是注日期的引用文件，仅所注日期的版本适用于本标准。凡是不注日期的引用文件，其最新版本（包括所有的修改单）适用于本标准。

GB 175 通用硅酸盐水泥

GB/T 699 优质碳素结构钢

GB/T 700 碳素结构钢

GB 748 抗硫酸盐硅酸盐水泥

GB 1499.1 钢筋混凝土用钢 第 1 部分：热轧光圆钢筋

GB 1499.2 钢筋混凝土用钢 第 2 部分：热轧带肋钢筋

GB/T 3274 碳素结构钢和低合金结构钢 热轧厚钢板和钢带

GB 8076 混凝土外加剂

GB/T 11837 混凝土管用混凝土抗压强度试验方法

GB 13788 冷轧带肋钢筋

GB/T 14684 建设用砂

GB/T 14685 建设用卵石、碎石

GB/T 16752—2006 混凝土和钢筋混凝土排水管试验方法

GB 18173.3 高分子防水材料 第 3 部分：遇水膨胀橡胶

GB/T 21873 橡胶密封件 给、排水管及污水管道用接口密封圈

GB 50010 混凝土结构设计规范

GB 50069 给排水工程构筑物结构设计规范

GB/T 50081 普通混凝土力学性能试验方法标准

GB/T 50082 普通混凝土长期性能和耐久性能试验方法

GB/T 50107 混凝土强度检验评定标准

GB 50108　地下工程防水给水规范
GB 50204　钢筋混凝土工程施工及验收规范
GB 50332　给水排水工程管道结构设计规范
GB 50838　城市综合管廊工程技术规范
JC/T 748　预应力与自应力混凝土管用橡胶密封圈
JGJ 18　钢筋焊接及验收规程
JGJ 63　混凝土用水标准
JGJ 95　冷轧带肋钢筋混凝土结构技术规程
JTG D62　公路钢筋混凝土及预应力混凝土桥涵设计规范

3　术语和定义

下列术语和定义适用于本标准。

3.1

预制混凝土箱涵　precast concrete box culvert

采用混凝土、钢筋等预制而成的钢筋混凝土箱型构件，壁内配置有单层或多层钢筋骨架。

3.2

荷载　load

箱涵受力面上单位长度上承受的重力，单位符号为 kN/m。

3.3

裂缝荷载　crack load

按标准规定方法加载，箱涵在其受拉区混凝土裂缝宽度达到 0.2 mm 时所承受的荷载值。

4　分类

4.0.1　按箱涵结构内仓数分为单仓箱涵、双仓箱涵和多仓箱涵。
4.0.2　按箱涵安装连接方式分为柔性接口箱涵和刚性接口箱涵。
4.0.3　按箱涵施工安装方式分为顶进施工（代号：DPCBC）和开槽施工箱涵（代号：PCBC）。
4.0.4　产品构造见图 4.0.4，规格见表 4.0.4。

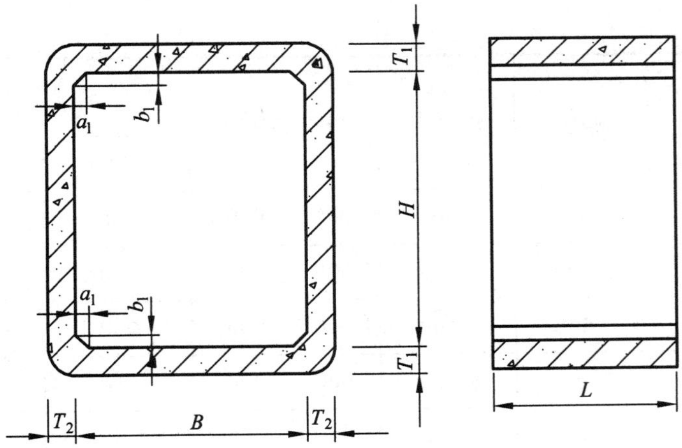

图 4.0.4 箱涵规格示意图

表 4.0.4 箱涵规格

mm

序号	规格 $B\times H$	内宽 B	内高 H	有效长度 L	最小壁厚 顶板 T_1	最小壁厚 侧板 T_2	腋角（宽×高） $a_1\times b_1$
1	600×600	600	600	1 000（2 000）	125	125	100×100
2	900×900	900	900	1 000（2 000）	125	125	100×100
3	1 200×1 200	1 200	1 200	1 000（2 000）	125	125	100×100
4	1 500×1 500	1 500	1 500	1 000（2 000）	125	150	100×100
5	1 800×1 800	1 800	1 800	1 000（2 000）	150	180	100×100
6	1 800×2 100	1 800	2 100	1 000（2 000）	150	210	100×100
7	2 000×2 000	2 000	2 000	1 000（2 000）	175	210	150×150
8	2 000×2 500	2 000	2 500	1 000（2 000）	175	240	150×150
9	2 100×2 100	2 100	2 100	1 000（2 000）	175	210	150×150
10	2 100×2 400	2 100	2 400	1 000（2 000）	175	240	150×150
11	2 400×2 400	2 400	2 400	1 000（2 000）	200	240	150×150
12	2 500×2 000	2 500	2 000	1 000（2 000）	240	200	150×150
13	2 500×2 500	2 500	2 500	1 000（2 000）	280	280	150×150
14	2 500×3 000	2 500	3 000	1 000（2 000）	300	300	150×150
15	2 400×2 700	2 400	2 700	1 000（2 000）	200	270	150×150
16	2 700×2 700	2 700	2 700	1 000（2 000）	225	270	150×150
17	3 000×2 500	3 000	2 500	1 000（2 000）	300	300	150×150
18	2 700×3 000	2 700	3 000	1 000（2 000）	225	300	150×150

续表

序号	规格 $B\times H$	内宽 B	内高 H	有效长度 L	最小壁厚		腋角（宽×高）
					顶板 T_1	侧板 T_2	$a_1\times b_1$
19	3 000×2 500	3 000	2 500	1 000（2 000）	300	300	150×150
20	3 000×3 000	3 000	3 000	1 000（2 000）	250	300	200×200
21	3 000×3 600	3 000	3 600	1 000（2 000）	250	300	200×200
22	3 500×2 500	3 500	2 500	1 000（2 000）	350	300	200×200
23	3 600×3 600	3 600	3 600	1 000（2 000）	280	300	200×200
24	4 000×2 500	4 000	2 500	1 000（2 000）	400	360	200×200
25	4 000×3 000	4 000	3 000	1 000（2 000）	400	360	200×200
26	4 200×4 200	4 200	4 200	1 000（2 000）	320	350	200×200
27	4 800×4 800	4 800	4 800	1 000（2 000）	370	400	200×200
28	5 400×5 400	5 400	5 400	1 000（2 000）	390	420	300×300
29	6 000×4 000	6 000	4 000	1 000（2 000）	450	450	300×300
30	6 000×6 000	6 000	6 000	1 000（2 000）	430	460	300×300
31	6 600×6 600	6 600	6 600	1 000（2 000）	470	510	300×300
32	7 200×7 200	7 200	7 200	1 000（2 000）	510	550	300×300

注：1. 列表中参数为单仓箱涵尺寸，双仓或多仓箱涵各仓尺寸以列表中尺寸为依据；
2. 其他规格尺寸的箱涵由供需双方协商；
3. 箱涵可整体工厂预制，也可工厂预制成组件，施工现场组装成箱涵。

4.1 接口形式

4.1.1 柔性钢承口型接口见图 4.1.1。

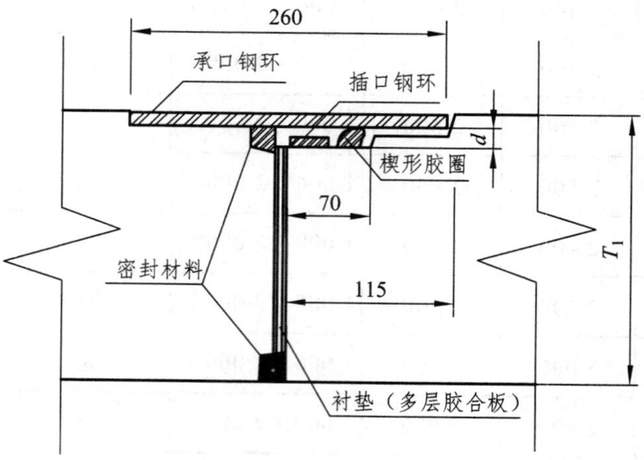

图 4.1.1 柔性钢承口接口图

4.1.2 柔性企口 1 型接口见图 4.1.2。

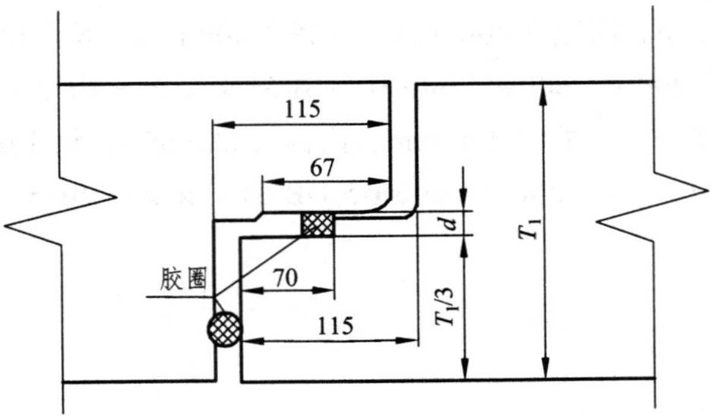

图 4.1.2 柔性企口 1 型接口图

4.1.3 柔性企口 2 型接口见图 4.1.3。

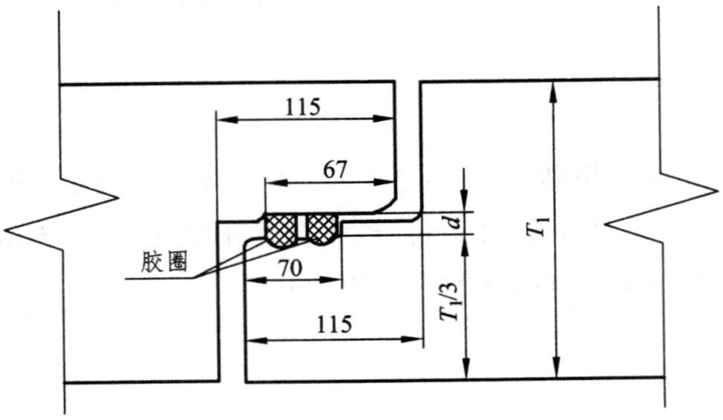

图 4.1.3 柔性企口 2 型接口图

4.1.4 刚性现浇接口见图 4.1.4。

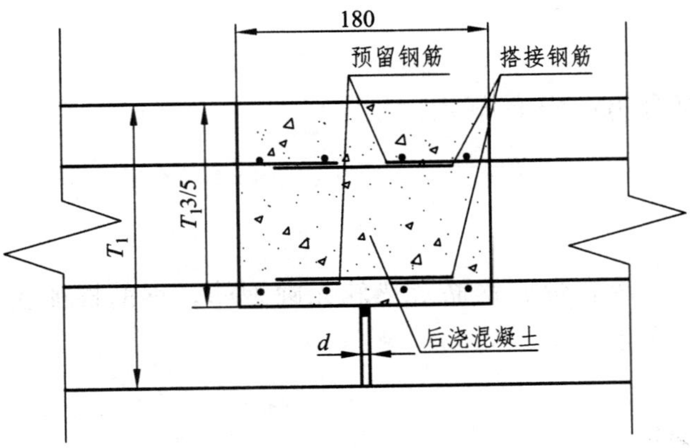

注：接口间隙 d 为 20 mm。

图 4.1.4 刚性现浇接口图

4.2 标记

产品标记由产品代号、覆土深度、规格（内宽×内高×公称长度）、标准编号组成。

示例 1：覆土深度为 5 m、内宽 3 000 mm、内高 3 600 mm、长 2 000 mm，开槽施工的预制混凝土箱涵标记为 PCBC3 000×3 600×2 000/H5 DB 51×××—2015

示例 2：覆土深度为 5 m、内宽 4 200 mm、内高 4 200 mm、长 2 000 mm，顶进施工的预制混凝土箱涵标记为 DPCBC4 200×4 200×2 000/H5 DB 51×××—2015

5 原材料及构造

5.1 原材料

5.1.1 水泥

宜采用硅酸盐水泥、普通硅酸盐水泥。水泥性能应分别符合 GB 175、GB 748 的规定。

5.1.2 骨料

细骨料宜采用中粗砂，细度模数为 2.3～3.3，含泥量不大于 2%；粗骨料最大粒径不应大于箱涵壁厚的 1/4，且不应大于钢筋净距的 3/4，最大粒径不应大于 31.5 mm，含泥量不大于 1%；骨料性能应分别符合 GB/T 14684、GB/T 14685 的规定。

5.1.3 外加剂和掺合料

混凝土允许掺加外加剂和掺合料，掺外加剂和掺合料不应对箱涵或箱涵的使用产生有害影响。外加剂的性能应符合 GB 8076 的规定；掺合料的性能应符合相应外加剂标准的规定。

5.1.4 水

混凝土拌合用水应符合 JGJ 63 的规定。

5.1.5 钢筋

宜采用热轧带肋钢筋、冷轧带肋钢筋及热轧光圆钢筋，钢筋性能应分别符合 GB 1499.2、GB 13788、GB 1499.1 的规定。

5.1.6 承口钢环和插口钢环

柔性钢承口型箱涵承口钢环和插口钢环所用钢板厚度不宜小于 10 mm。箱涵所用钢板的质量要求应符合 GB /T 699、GB /T 700 和 GB/T 3274 的规定。

5.1.7 接口密封圈

宜采用弹性橡胶密封垫、遇水膨胀橡胶密封垫，也可采用发泡橡胶密封条，性能应符合 GB/T 21873—2008、GB 18173.3 、JC/T 748 的规定。

5.2 构造

5.2.1 钢筋骨架

5.2.1.1 钢筋骨架应采用自动焊接或人工焊接成型。当采用人工焊接时，焊点数量应大于总连接点的 50%且应均匀分布，钢筋的连接处理必须符合 GB 50204、JGJ 18 中有关钢筋焊接和绑扎的规定。

5.2.1.2 非预应力钢筋直径不宜小于 12 mm，配筋应符合设计要求，横向、纵向筋应均匀分布配置，钢筋间距不应大于 400 mm，每米不应少于 5 根钢筋，间距偏差不应大于 10 mm，并符合 GB 50010、GB 50332、JTG D62 的相关规定。

5.2.2 箱涵接口

5.2.2.1 箱涵接口表面不应有剥落、裂纹、压裂及对接口功能产生不利影响的缺陷。

5.2.2.2 当进行水压测试时，接口截面处应能承受密封材料产生的压缩力，并无裂缝出现。

5.2.3 箱涵附件

在箱涵生产时，允许有包括倒角、吊索孔或其他不影响箱涵形状和强度的制作工艺。

6 技术要求

6.1 混凝土强度

混凝土强度等级不应小于 C30；脱模时强度不低于 20 MPa；出厂时强度不应低于设计强度；混凝土抗渗等级不应低于 P6；混凝土耐久性能达到设计要求，并符合 GB 50069 的规定。

6.2 防水

箱涵防水不应低于地下工程防水等级三级，并符合 GB 50108 的规定。

6.3 外观质量

6.3.1 箱涵的外观质量应符合表 6.3.1 的规定。

表 6.3.1 箱涵的外观质量表

序号	项目		项目类别	质量要求
1	露筋	任何部位	A	不应有
2	孔洞	任何部位	A	不应有
3	蜂窝、麻面、粘皮	任何部位	B	不应有
4	裂缝	预应力结构内外表面	A	不应有
		非预应力结构内表面	B	裂缝宽度不超过 0.05 mm（表面龟裂及砂浆干缩除外）
5	连接部位缺陷	构件端部混凝土疏松或外伸钢筋松动	A	不应有
6	外形缺陷	非浇筑面表面	A	不应有
		浇筑面表面	B	不宜有
7	外表缺陷	非浇筑面	A	不应有
		浇筑面表面	B	不宜有
8	外形玷污	非浇筑面	A	不应有
		浇筑面表面	B	不宜有

注：1. 露筋指构件内钢筋未被混凝土包裹而外露的缺陷；
2. 孔洞指混凝土中深度和长度均超过保护层厚度的孔；
3. 蜂窝指构件混凝土表面缺少水泥砂浆而形成石子外露的缺陷；
4. 裂缝指伸入混凝土内的缝隙；
5. 连接部位缺陷指构件连接处混凝土疏松或受力钢筋松动的缺陷；
6. 外形缺陷指构件端头不直、倾斜、缺棱掉角、飞边；
7. 外表缺陷指构件表面麻面、掉皮、起砂和漏抹；
8. 外表玷污指构件表面有油污或杂物。

6.3.2 合缝处不应漏浆。

6.3.3 在下列情况下，箱涵允许进行修补：

1）外表面凹深不超过 10 mm，粘皮、麻面、蜂窝深度不超过壁厚的 1/5，其最大值不超过 10 mm，且总面积不超过外表面积的 1/20，每块面积不超过 100 cm^2；

2）内表面有局部塌落，但没有露出钢筋，且塌落面积不超过管子内表面积的 1/20，每块面积不超过 100 cm^2；

3）合缝漏浆深度不超过壁厚的 1/5，且最大长度不超过管长的 1/5；

4）端面碰伤长度不超过 100 mm。

6.4 尺寸允许偏差

箱涵尺寸允许偏差应符合表 6.4-1 的规定。箱涵接口尺寸允许偏差应符合表 6.4-2 规定。

表 6.4-1 箱涵尺寸允许偏差 mm

序号	项 目		项目类别	质量要求
1	接口对角线误差		A	≤2
2	弯曲度	长度方向	B	≤有效长度的 0.3%
		宽度及高度方向	B	≤外壁宽度或高度的 0.3%
3	端面倾斜		A	≤5
4	保护层厚度		A	+5
5	内宽 B	600 ~ 1 500	A	± 5
		1 800 ~ 3 900	A	± 6
		4 200 ~ 7 200	A	± 8
6	内高 H	600 ~ 1 500	A	± 5
		1 800 ~ 3 900	A	± 6
		4 200 ~ 7 200	A	± 8
7	有效长度 L		A	+10 －5
8	腋角（宽 × 高）	a_1	B	± 5
		b_1	B	± 5
9	壁厚	顶板 T_1	B	± 5
		侧板 T_2	B	± 5
10	预留孔位置		B	± 5
	预埋件位置		B	± 5

表 6.4-2 箱涵接口尺寸允许偏差 mm

序号	项 目	项目类别	质量要求
1	接口间隙 d	B	± 2
2	接口图上注明的尺寸	B	± 2

6.5 保护层厚度

用于综合管廊或电力隧道的箱涵迎水面混凝土保护层厚度不应小于 50 mm，箱涵其余部位应根据环境条件并按照 GB 50010 的规定确定。保护层厚度尺寸偏差应符合表 6.4-1 的规定。

6.6 内水压力

箱涵在 1.0 MPa 内水压力下检验时，箱涵外表面不应有潮片及任何水珠流淌。此外，箱涵连接处不应漏水。

6.7 裂缝荷载

箱涵的外压裂缝荷载检验值不应低于设计规定的荷载要求。

7 试验方法

7.1 试验设备

试验用的主要仪器设备和量具应符合 GB/T 16752 的规定。

7.2 试验项目

7.2.1 外观质量

包括露筋、蜂窝、麻面、粘皮、裂缝、空鼓、端部碰伤、局部凹坑等，应参照 GB/T 16752 中 5.2 条的规定进行检查。

7.2.2 尺寸允许偏差

7.2.2.1 有效长度参照 GB/T 16752 的规定进行检验，测点位置为箱涵任一外表面长度方向中心线位置。

7.2.2.2 接口对角线尺寸测点位置为箱涵承口及插口四角对角线端面位置。

7.2.2.3 壁厚参照 GB/T 16752 中 6.3.5 的规定进行检验测量，测点位置为距承口或插口端面 100 mm 位置。

7.2.2.4 弯曲度参照 GB/T 16752 中 6.3.6 的规定进行检验测量，长度方向弯曲度测点位置为箱涵任一外表面长度方向中心线位置；宽度及高度方向弯曲度测点位置为距承口或插口端面 100 mm 位置。

7.2.2.5 端面倾斜度参照 GB/T 16752 中 6.3.7 的规定进行检验测量，测点位置为箱涵四个内表面长度方向中心线位置。

7.2.2.6 内宽及内高测点位置为紧贴箱涵内壁距承口或插口端面 100 mm 位置。

7.2.2.7 腋角测点位置距承口或插口端面 100 mm 位置。

7.2.2.8 保护层参照 GB/T 16752 中 9.1~9.3 的规定进行检验测量，测点位置为内表面或外表面长度方向距承口或插口端面 100 mm 及长度方向中心线中心位置。

7.2.3 混凝土抗压强度

7.2.3.1 混凝土抗压强度参照 GB/T 16752—2006 中 6.3.6 的规定进行检验测量。

7.2.3.2 混凝土拌和物应在搅拌站或喂料工序中随机取样，制作抗压强度试件。

7.2.3.3 相同配合比的混凝土，每天取样不应少于一次，每次至少成型三组试件，两组试件与箱涵同条件养护，另一组试件进行标准养护。

7.2.3.4 两组与箱涵同条件养护的试件分别用于检验脱模强度和出厂强度；另一组经过标准养护的试件用于检验评定混凝土抗压强度。

7.2.3.5 混凝土抗压强度试验方法应符合 GB/T 50081、GB/T 11837 的规定。

7.2.4 混凝土抗渗

投入生产或混凝土设计配合比有调整时，应进行混凝土抗渗试验，取样按本标准 7.2.3 规定进行，抗渗试验按 GB/T 50082 标准规定进行。

7.2.5 内水压力

7.2.5.1 内水压力参照 GB/T 16752 的规定进行检验，箱涵在进行内水压力检验时，箱涵表面不应有潮片；箱涵连接部不应漏水。

7.2.5.2 箱涵内水压力检验应在排尽箱涵内空气后加压，宜在 1 min 内均匀升至规定检验压力值保持 10 min。在升压过程中及规定的内水压力下，检查箱涵表面有无潮片及水珠流淌，检查箱涵接头是否滴水并做记录。若接头滴水，允许重装。允许采用专用装置检查箱涵的内水压力和接头密封性。

7.2.6 裂缝荷载

7.2.6.1 裂缝荷载检验养护要求

蒸汽养护的箱涵龄期不宜少于 14 d，自然养护的箱涵龄期不宜少于 28 d。

7.2.6.2 试验步骤

将箱涵试件放在水平的混凝土地坪上，然后将上支承梁放在试件上。上支承梁全覆盖于试件的有效长度，混凝土地坪长宽尺寸分别大于箱涵接触面长宽尺寸的 1.5 倍，加荷载点应集中布置，即可以在上支承梁上集中一点加荷载位于 $L/2$ 处，或者是采用两点同步加荷载位于 $L/3$ 处。加荷载速度宜为每分钟 30 kN/m，并连续匀速加荷载至设计规定的裂缝荷载的 80%，且保持 1 min。观察有无裂缝，并用读数显微镜测量其宽度，若没有裂缝或裂缝小于 0.2 mm 时，继续按裂缝荷载的 10%加荷载，保持 1 min，直至裂纹宽度达到 0.2 mm，并保持 3 min。裂缝荷载试验装置示意图见图 7.2.6.2。

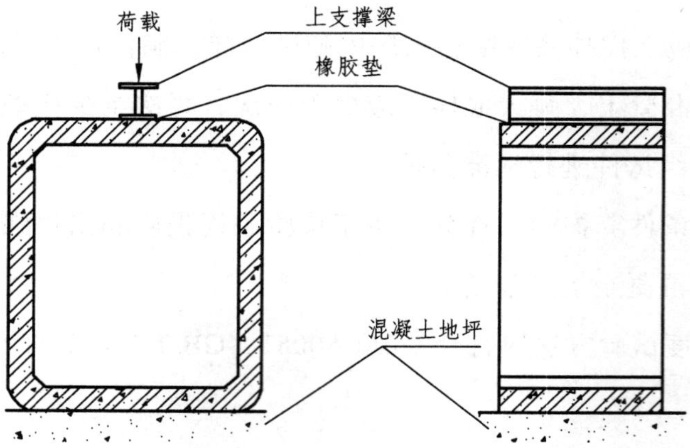

图 7.2.6.2 裂缝荷载试验装置示意图

7.2.6.3 结果计算

裂缝总荷载值按下式计算：

$$F = PL$$

式中：F——裂缝总荷载值（裂纹宽度达到 0.2 mm 后的荷载值与前一级荷载值的平均值），kN；
P——裂缝荷载值，kN/m；
L——产品有效长度，m。

8 检验规则

8.1 检验分类

检验分为出厂检验和型式检验。

8.2 出厂检验

8.2.1 检验项目

外观质量、尺寸允许偏差（不包括保护层厚度）、混凝土抗压强度、内水压力、裂缝荷载。

8.2.2 批量规则

出厂产品以相同原材料、相同工艺成型的箱涵，不同规格批量数见表 8.2.2，但在 3 个月内生产的产品总数不足表 8.2.2 所示的数字时也应作为一个批量检验。

表 8.2.2 出厂检验批量

内高 H/mm	节/批
600 ~ 3 300	200
3 600 ~ 7 200	100

8.2.3 抽样

8.2.3.1 混凝土抗压强度

检查生产记录，混凝土抗压强度按 GB/T 50107 检验评定。

8.2.3.2 外观质量和尺寸允许偏差

从受检批中采取随机抽样的方法抽取 10 节箱涵，逐节进行外观质量和尺寸偏差检验。

8.2.3.3 内水压力和裂缝荷载

从外观质量和尺寸偏差检验合格的箱涵中抽取 2 节，其中 1 节检验内水压力，另 1 节检验外压裂缝荷载。

8.2.4 判定规则

8.2.4.1 外观质量和尺寸允许偏差

10 节受检箱涵中，按照表 6.3.1 的检验项目，A 类项目必须全部合格；每项 B 类项目的超差不超过 2 节，B 类项目的超差不超过 2 项，则判定该批产品的外观质量和尺寸偏差合格。

8.2.4.2 内水压力

内水压力符合本标准 7.2.5 的规定时，则判定该批产品内水压力检验合格。如内水压力不符合本标准相关规定时，允许从同批产品中抽取 3 节箱涵进行复检。复检结果如全部符合标准规定时，则剔除原不合格的 1 节，判该批产品内水压力检验合格。复检结果如仍有 1 节箱涵不符合标准规定时，则判该批次产品内水压力检验不合格。

8.2.4.3 裂缝荷载

裂缝荷载检验符合本标准 7.2.6 条的规定时，则判该批产品裂缝荷载检验合格。如裂缝荷载检验不符合标准相关规定时，允许从同批产品中抽取 2 节箱涵进行复检。复检结果如全部符合标准规定时，则剔除原不合格的 1 节，判定该批产品裂缝荷载检验合格。复检结果如仍有 1 节箱涵不符合标准规定时，则判定该批次产品裂缝荷载检验不合格。

8.2.5 总判定

样品的外观质量、尺寸允许偏差、混凝土抗压强度、内水压力、裂缝荷载均符合标准要求时，则判定该批产品为合格，否者判定该批产品不合格。

8.3 型式检验

8.3.1 检验项目

外观质量、尺寸允许偏差、混凝土抗压强度、混凝土抗渗性能、内水压力、裂缝荷载、保护层厚度。

8.3.2 型式检验

当有下列情况之一时，应进行型式检验：

1）新产品或老产品转厂生产的试制定型鉴定；

2）正式生产后如产品结构、原材料、生产工艺和管理有较大改变，可能影响产品性能时；

3）产品长期停产后，恢复生产时；

4）出厂检验结果与上一次型式检验有较大差异时；

5）国家或地方质量监督检验机构提出进行型式检验的要求时；

6）当每种规格管子的生产量达到 3 600 节时。

8.3.3 抽样方法

8.3.3.1 混凝土抗压强度

同 8.2.3.1。

8.3.3.2 外观质量、尺寸允许偏差

同 8.2.3.2。

8.3.3.3 内水压力和裂缝荷载

同 8.2.3.3。

8.3.3.4 保护层厚度

抽取一节检验裂缝荷载后的箱涵，进行保护层厚度检验。

8.3.4 判定规则

8.3.4.1 外观质量和尺寸允许偏差

同 8.2.4.1。

8.3.4.2 内水压力

同 8.2.4.2。

8.3.4.3 外压荷载

同 8.2.4.3。

8.3.4.4 保护层厚度

被测的 3 点均符合本标准 6.4 条规定时，则判定该批产品保护层厚度合格。3 点中有 1 节点不符合标准规定时，允许从同批箱涵中抽取 2 节箱涵进行复检。复检结果全部符合标准规定时，则剔除原不合格的 1 节，判定该批箱涵保护层厚度合格。复检结果如仍有 1 点不符合标准规定时，则判定该批箱涵保护层厚度不合格。3 点中有 2 点不符合标准规定时，不应复检，判定该批箱涵保护层厚度不合格。

8.3.5 总判定

样品的外观质量、尺寸允许偏差、混凝土抗压强度、内水压力、裂缝荷载均符合本标准要求时，则判定该批产品为合格。

9 标志、运输及储存

9.1 标志

每节箱涵出厂前，应在箱涵表面标明：企业名称、接口形式、商标、产品标记、生产日期、编号和“严禁碰撞”等字样。

9.2 运输

箱涵在装卸、起吊、运输过程中，应轻起轻落，严禁碰撞。

9.3 储存

箱涵应按其品种、规格型号及生产顺序分批堆放。当箱涵内高≤2 100 mm 时，堆放层数不应超过两层；当箱涵内高＞2 100 mm 时，堆放层数为 1 层或进行立放。

在干燥气候条件下，应加强箱涵的后期洒水养护工作。

10 产品说明书

箱涵产品说明书应有以下内容：

1）施工安装要求；

2）使用环境（包括回填土质、地基等条件）；
3）性能特征；
4）注意事项等；
5）起吊运输方式。

11 产品合格证

凡经检验合格准许出厂的箱涵成品，应填写随带企业统一编号的产品合格证，其内容应包括：

1）合格证编号、制造厂名称、商标、厂址、电话；
2）生产日期、出厂日期；
3）产品规格、数量；
4）外观质量及尺寸偏差检验结果；
5）混凝土抗压强度检验结果；
6）力学性能检验结果；
7）制造厂检验部门及检验人员签章。